Ehinger/Raab/Sander

Kerzen festlich dekorieren

Ehinger / Raab / Sander

Kerzen festlich dekorieren

Mit Vorlagen und Schritt-für-Schritt-Anleitungen

Augustus Verlag Augsburg

Vorwort

Längst haben Kerzen ihre Funktion als Lichtquelle verloren. Das elektrische Licht hat ihnen schon vor Jahrzehnten den Rang abgelaufen. Doch Feiertage wie Ostern oder Weihnachten, Familienfeste, ein romantisches Essen oder eine feierliche Zeremonie sind nach wie vor ohne Kerzenlicht undenkbar. Kerzen spielen eine große Rolle als christliches Symbol und geben der festlichen Tafel Glanz.

Zu besonderen Anlässen gehören besondere Kerzen. Und welche könnte persönlicher sein als eine, die wir selbst gestaltet haben? Die Vorschläge in diesem Buch sollen Ihnen als Anregung für eigene Entwürfe dienen.

Wandeln Sie die Beispiele nach eigenem Geschmack ab, und lassen Sie sich von den verschiedenen Materialien und Techniken inspirieren.

Wir wünschen Ihnen viel Freude an Ihrem neuen Hobby!

Inhalt

Material und Werkzeug	6
Grundtechniken	8
Das Jahr hindurch	11
Festliches Licht	34
Mit Kerzen dekorieren	52
Vorlagen	68

Material und Werkzeug

Da wir uns mit dem Verzieren und nicht mit dem Anfertigen von Kerzen beschäftigen wollen, bilden fertig gekaufte Kerzen die Grundlage für unsere Arbeit. Eine Ausnahme macht die Muttertagskerze auf Seite 51: Dafür wurden Wabenplatten aus reinem Bienenwachs um einen Docht gewickelt (Bild unten). Selbstverständlich können Sie auch Kerzen dekorieren, die Sie selbst gegossen oder gezogen haben.

Die meisten handelsüblichen Kerzen bestehen aus Paraffin, einem Material, das bei der Erdöl-Raffination anfällt. Etwas teurer sind Kerzen aus Stearin, das aus tierischen Fetten gewonnen wird. Zu besonderen Anlässen werden Sie zu Kerzen aus Bienenwachs greifen, die zwar sehr teuer sind, aber

besonders edel wirken und unvergleichlich duften. Farbige Kerzen sind entweder durchgefärbt oder – das ist die billigere Version – haben einen weißen Kern, der mit einer farbigen Schicht überzogen ist. Vorsicht beim Bearbeiten dieser Schicht: Sie splittert beim Schneiden oder Ritzen leicht!

Am häufigsten begegnen Sie bei den vorgestellten Beispielen der zylindrischen Stumpenkerze in verschiedenen Größen, die durch ihren großen Umfang besonders viele Gestaltungsmöglichkeiten bietet. Wer häufiger Kerzen verziert, wird sich vielleicht einen Vorrat an weißen Stumpenkerzen zulegen. Für manche Entwürfe bieten sich aber auch farbige Kerzen an. Weniger Fläche zum Gestalten bieten schlanke Leuchterkerzen. Vorschläge dafür finden Sie zum Beispiel bei den Tauf- und Kommunionkerzen.

Außergewöhnlich wirken Sonderformen wie die Pyramide und die halbkreisförmige Kerze (Seite 57) oder das schräge Modell (Seite 55), die es allerdings nicht in jedem Warenhaus zu kaufen gibt. Den Arbeitstisch sollten Sie mit einer Zeitung abdecken und darauf Pergamentpapier legen, damit die Kerze keine Druckerschwärze annimmt. Ein altes Küchenhandtuch dient zum vorsichtigen Abreiben der Kerze vor der Arbeit, damit Applikationen besser haften, und kann auf den Schoß gelegt werden, wenn die Kerze liegend bearbeitet werden soll.

Pergamentpapier wird außer als Unterlage auch zum Durchpausen von Vorlagen gebraucht.

Auf die Kerzen oder auf Wachsplatten werden die Zeichnungen am besten mit Schneider-Kopierpapier und einem spitzen Bleistift übertragen. Gute Dienste leistet außerdem ein Lineal.

Vielseitigstes Material für Ornamente ist Plattenwachs, das es als Rechteck von 10 x 20 cm in vielen Farben zu kaufen gibt. Motive lassen sich darauf mit einem spitzen Bleistift vorzeichnen und mit der kleinen Klinge eines Taschenmessers, mit einem Cutter, wie ihn Grafiker verwenden, oder mit einem Küchenmesser ausschneiden. Plattenwachs

sollte bei Zimmertemperatur gelagert werden. Es wird in der Handwärme geschmeidig, läßt sich dann modellieren und im allgemeinen ohne weiteres auf die Kerze applizieren. Motive, die nur wenig Auflagefläche haben oder aus einem anderen Grund schwer zu fixieren sind, können mit einem erwärmten Wachsklebeplättchen bestrichen werden und haften dann besser. Zwar läßt sich Plattenwachs gut modellieren, doch gibt es für diese Zwecke auch ein spezielles Knetwachs (siehe z. B. Sonnenblume, S. 16). Als Abschluß am oberen und unteren Kerzenrand, aber auch für andere Gestaltungsideen eignen sich Wachsschnüre gut, die als Meterware oder Paket angeboten werden. In Wachswarenhandlungen und Bastelgeschäften finden Sie auch fertige Wachsgoldborten, die häufig der Länge nach geteilt werden können und dann ein Zackenmuster ergeben, ferner Buchstaben und vollständige Motive aus Wachs (z. B. die Madonna auf Seite 67). Kerzen können aber nicht nur mit Wachsornamenten verziert, sondern auch bemalt werden. Geeignet sind Ölfarben, die allerdings einige Erfahrung voraussetzen, und Deckwasserfarben, die nicht nur

leichter zu verarbeiten, sondern gerade in Haushalten mit Kindern meist ohnehin vorhanden sind.

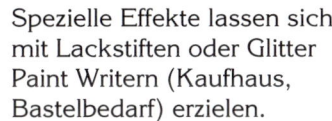

Spezielle Effekte lassen sich mit Lackstiften oder Glitter Paint Writern (Kaufhaus, Bastelbedarf) erzielen.

Zusätzliche Deko-Materialien, die allerdings sparsam eingesetzt werden sollten, sind Glitter, Wischmetall, Flitterspiegel und Glassteine.
Lassen Sie Ihre Phantasie spielen, doch denken Sie daran, daß Ihre Kerze auch angezündet werden soll. Materialien wie Kunststoff-Perlenketten oder Stoffbändchen sollten Sie also, wenn überhaupt, nur am Fuß der Kerze anbringen und die Flamme löschen, bevor die Kerze so weit heruntergebrannt ist.

Grundtechniken

Bevor Sie mit der Arbeit anfangen, sollten Sie die Kerze mit einem alten Küchentuch vorsichtig abreiben. So rauhen Sie die Oberfläche leicht auf, Applikationen und Deckwasserfarben haften dann besser.

Ornamente aus Plattenwachs

Die meisten Kerzen in diesem Buch sind mit Elementen aus Plattenwachs verziert. Aus diesem Material lassen sich sowohl flächige Applikationen schneiden als auch plastische Motive modellieren. Vorlagen für flächige Dekorationen pausen Sie mit Pergamentpapier durch und übertragen sie mit Schneider-Kopierpapier auf die Wachsplatten. Die Motive schneiden Sie aus, erwärmen sie leicht mit der Hand und fixieren sie auf der Kerze. Mit einem Messer oder einem Zahnstocher können Sie Plattenwachs-Ornamente anritzen und so zusätzlich verzieren.
Damit sind die Möglichkeiten aber längst nicht erschöpft: Aus schmalen Plattenwachsstreifen können Buchstaben und Zahlen zusammengesetzt oder

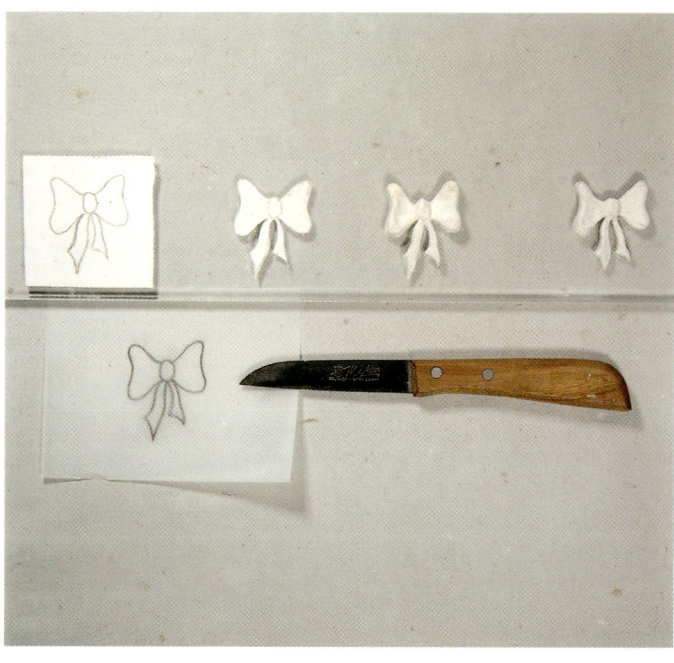

Zöpfe zur Verzierung geflochten werden. Und schließlich lassen sich Wachsplatten oder Reste davon zu Mischfarben verkneten und in beliebige Formen bringen.

Plastische Blüten

Aus Plattenwachs ausgeschnittene oder ausgestochene Blütenblätter können Sie in der Hand modellieren, so daß sie leicht schüsselförmig werden, und dann kreisförmig auf der Kerze zur Blüte zusammensetzen.

Auch die Röschen, die für eine ganze Reihe von Kerzen gebraucht werden, entstehen aus Plattenwachs. Daraus werden kleinere oder größere Kreise ausgeschnitten oder ausgestochen und rund um den Blütenstempel zur Blüte gedreht. Als Stempel dient ein schmaler, weißer oder gelber Wachsstreifen oder ein künstlicher Blütenstempel, wie er für Kunstblumen-Arrangements verwendet wird.

Modellierte Motive

Mit Plattenwachs können Sie aber auch modellieren (z. B. die Schleifen für die Taufkerzen auf Seite 35 und 37: Dafür übertragen Sie die Umrisse des Motivs auf eine Wachsplatte, schneiden es aus und erwärmen die Reste der Wachsplatte auf einem Spiritusbrenner, bis sie weich und leicht formbar sind. Das weiche Wachs verteilen Sie nun auf dem Motiv und formen die Einzelheiten mit Messer oder Modellierwerkzeug aus. Anschließend reiben Sie das Relief mit Terpentin und Lappen glatt oder wischen kurz mit Spiritus darüber. Mit einer Gipsform können Sie ein solches Motiv vervielfältigen. Dafür muß es fest auf seiner Unterlage kleben. Umranden Sie es nun mit einem etwa fünf Zentimeter breiten Kartonstreifen, und dichten Sie die Fuge zwischen Kartonstreifen und Unterlage mit Wachsresten ab. Pinseln Sie das Motiv mit etwas Salatöl ein, damit sich die Form später leicht abnehmen läßt. Rühren Sie den Gips nach Anleitung auf der Packung an, und gießen

Sie ihn langsam und gleichmäßig in die Form. Leichtes Rütteln der Form läßt eventuell eingeschlossene Luftblasen entweichen.

Wenn der Gips trocken ist, kann die Umrandung entfernt und die Form vom Motiv abgenommen werden. Die Gipsform muß sich in kaltem Wasser vollsaugen und kurz abgetrocknet werden, bevor sie mit Gießwachs nach Packungsanleitung ausgegossen wird.

Spezialeffekt: geknautschtes Wachs

Eine ungewöhnliche Methode, mit Plattenwachs zu arbeiten, ist das Knautschen. Dafür muß die Wachsplatte so lange in den Händen erwärmt werden, daß sie sich formen läßt, ohne zu brechen. Dann wird sie so geknittert, daß sich unregelmäßige Falten ergeben. Derart strukturierte Wachsplatten

geben einfachen Kerzen eine interessante Oberfläche (siehe z. B. Seite 64), können aber auch um Styroporformen gelegt werden (siehe Christbaumschmuck, Seite 28). Wischmetall, sparsam auf die Falten aufgebracht, hebt den Effekt dieser Technik noch hervor.

Vielseitige Wachsschnüre

Allein oder in Kombination mit Plattenwachs verwendet werden können Wachsschnüre. Man kann Kerzen

ganz oder teilweise umwickeln, Motive damit einrahmen, Plattenwachsstreifen und Farbflächen betonen oder aber Ornamente daraus legen. Achten Sie beim Kauf darauf, nur solche Wachsschnüre zu erwerben, die ohne eigenen Docht hergestellt

werden, da die Gefahr besteht, daß ein eingearbeiteter Docht unbeabsichtigt in Brand gerät.

Gestalten mit fertigen Elementen

Das große Angebot an fertigen Wachsgoldborten, Buchstaben und Motiven aus Wachs macht das Gestalten von Schmuckkerzen leicht. So können Sie zum Beispiel Eheringe für eine Hochzeitskerze, einen Kelch für eine Kommunionkerze oder gar ein so aufwendiges Motiv wie die Madonna (Seite 67) vorgefertigt kaufen und auf eine Kerze Ihrer Wahl applizieren. Die persönliche Note bekommt Ihr Werk durch die zusätzliche Dekoration aus Wachsschnüren oder Platten-

wachs. Lassen Sie sich von unseren Vorschlägen inspirieren.

Malen mit Deckwasserfarben

Kerzen können auch effektvoll bemalt werden. Das gewünschte Motiv pausen Sie mit Pergamentpapier von der Vorlage ab oder kopieren es.

Auf die Kerze übertragen Sie es mit Schneider-Kopierpapier und einem spitzen Bleistift, wobei Sie Vorlage und Kopierpapier am besten mit Klebestreifen auf der Kerze fixieren, damit nichts verrutscht. Wenn alle Linien auf der Kerze gut sichtbar sind, können Sie zu malen anfangen. Am einfachsten lassen sich Deckwasserfarben handhaben. Allerdings nimmt die fettige Wachsoberfläche die Farbe nicht immer sofort an. Bleiben Sie dann mit dem Pinsel so lange an der Stelle stehen, bis die Farbe hängenbleibt. Zum Malen größerer Farbflächen eignen sich Flachpinsel, Details gestalten Sie mit Rundpinseln.
Wer Erfahrung hat, kann die Kerzen auch mit Ölfarben bemalen. Allerdings ist der Umgang mit Malmittel und Terpentin nicht ganz einfach und auch nicht ungefährlich.

Glanz und Glitter

Wenn die Kerze besonders prächtig werden soll, kann man am Schluß etwas Glitter auf das Wachs drücken oder Einzelheiten mit dem Glitter Paint Writer betonen. Verwenden Sie solche Effekte aber nur sparsam, sonst wirkt Ihr Werk sehr schnell überladen.

10

Das Jahr hindurch…

Schon ein Ring aus einem goldfarbenen Wachsstreifen und einige einfache Blätter und Blüten aus Plattenwachs machen eine einfache Tafelkerze zu einer festlichen Tischdekoration.

Frühlingsgruß

Material:
Stumpenkerze, weiß
(Ø 8 cm, Höhe 18 cm);
Plattenwachs: dunkelblau,
gelb, flieder, weiß, dunkelbraun, laubgrün, schwarz,
karminrot

1. Fünf schmale, braune Wachsstreifen als Stengel für die Weidenkätzchen auf der Kerze fixieren. Aus weißem Wachs kleine Kügelchen drehen und als Kätzchen an die Stengel setzen. Blütenhülsen aus noch kleineren, braunen Wachskügelchen auf die Kätzchen kleben. Aus der grünen Wachsplatte Weidenblätter schneiden und an die Kerze drücken.

2. Aus weißem, fliederfarbenem, gelbem und dunkelblauem Wachs pro Krokusblüte fünf Blütenblätter schneiden und aus farblich passendem Wachs jeweils vier bis fünf dünne Stäbchen als Staubgefäße drehen. An einer Spitze eines Blütenblattes die Staubgefäße fixieren und die restlichen vier Blütenblätter rundherum überlappend anbringen. Die fertige Blüte auf der Kerze andrücken.

3. Zwischen die Krokusblüten lange, schmale Blätter aus grünem Wachs setzen. Für die beiden Marienkäfer zwei kleine Kugeln aus rotem Wachs formen und etwas flachdrücken. Auf der Unterseite Beinchen und Fühler aus dünnen, schwarzen Wachsstreifen befestigen. Käfer auf die Kerze setzen und mit schwarzen Wachspunkten vervollständigen, eventuell Flügelstruktur einritzen.

Mein Tip:

Stellen Sie eine Gruppe von Kerzen zusammen, die mit Krokussen in jeweils einer Farbe verziert sind.

Glockenblumen läuten

Material:
Stumpenkerze, weiß
(Ø 8 cm, Höhe 18 cm);
Plattenwachs: 1 Platte
dunkelblau, je $1/2$ dunkel-
grün, zitronengelb,
schwarz, karminrot;
Wachsklebeplättchen

Die Arbeitsweise ist ähnlich wie bei der Krokuskerze (Seite 12). Auf dünne Stengel aus dunkelgrünem Wachs werden schmale, lanzettförmige, grüne Blätter gesetzt. Die Blattstruktur kann man mit dem Messer einritzen.
Die Blütenblätter werden aus blauem Wachs geschnitten und vorsichtig geknetet, damit sie flacher, etwas größer und geschmeidiger werden. Jeweils fünf Blütenblätter werden zu einer Blüte zusammengefaßt und mit dem Mittelpunkt fest an die Kerze gedrückt. Die beiden unteren Blätter dürfen an der Kerze haften, die drei oberen modelliert man zu einem trompetenförmigen Trichter, der leicht nach unten zeigt. Eine kleine, grüne Kugel am Stengel ergibt den Blütenansatz.
In die Mitte der Blüten drückt man ein kleines Stück Klebewachs und rollt aus gelbem Wachs

pro Blüte vier bis sechs sehr dünne, etwa zwei Zentimeter lange Würstchen zwischen den Fingern. Sie werden in der Mitte geknickt und mit Messerrücken oder Zahnstocher als Staubgefäße auf dem Klebewachs befestigt.

Weitere grüne Blätter zwischen den Blüten lockern die Applikation auf, vier bis fünf aufgefächerte Blätter bilden den unteren Abschluß.
Auch diese Kerze kann mit Marienkäfern zusätzlich verziert werden (siehe Seite 12).

Mein Tip:

Nach dem gleichen Schema lassen sich ganz unterschiedliche Blütenkerzen herstellen. Als Anregung soll die Kerze links im Bild dienen.

Bunter Sommerstrauß

Material:
Stumpenkerze, weiß
(Ø 8 cm, Höhe 25 cm)
Plattenwachs: ca. 1 1/2
Platten karminrot, je 1/2
dunkelgrün, gelb, rosa
und hellblau (aus Weiß
und Rot bzw. Blau zusam-
mengeknetet), schwarz

Grüne Stengel für die
Blümchen in Rosa und
Hellblau sowie gelbe Stengel für die Ähren bilden
das Grundgerüst der Kom-
position. An die grünen
Stengel werden lanzett-
förmige Blätter und feine
Ranken aus grünem
Wachs gesetzt.
Für die blauen Blümchen
werden jeweils fünf nahezu
kreisrunde Blütenblätter
von etwa einem Zentime-
ter Durchmesser um ein
Zentrum überlappend
zusammengesetzt und so
auf der Kerze angebracht,
daß sie einen flachen, aber
doch plastischen Kelch
bilden. Eine kleine, gelbe
Kugel in jeder Blüte stellt
die Staubgefäße dar.
Gruppen aus vier bis fünf
rosa Kügelchen (Ø ca. 0,5
cm) rund um ein winziges,
schwarzes „Staubgefäß"
ergeben die rosafarbe-
nen Blüten.

Aus gelbem Wachs formen
Sie ovale, gelbe Körner für
die Ähren und ritzen sie
längs mit dem Messer ein.
Bringen Sie zwei Reihen
Körner entlang der Stengel
an, und setzen Sie eine
dritte Reihe darauf.
Für jede der vier Mohn-
blüten modellieren Sie
zunächst vier größere
Blütenblätter aus rotem
Wachs muschelförmig und
drücken sie kreisförmig
und leicht überlappend
auf die Kerze. Der innere
Kranz entsteht genauso,
allerdings aus kleineren
Blättern, die auf Lücke
gesetzt werden. Das Blü-
tenzentrum bildet eine fla-
che Scheibe aus gelbem
Wachs mit einigen darauf-
gesetzten gelben Kügel-
chen. Die schwarzen
Staubgefäße entstehen
aus V-förmig geknickten
schwarzen Röllchen, die
mit dem Zahnstocher rund
um die gelbe Scheibe ins
Wachs gedrückt werden.
Mit Blättern aus grünem
Wachs wird die Kerze
schließlich noch nach
Wunsch verziert.

14

Zarte Blüten

Material:
Stumpenkerze, weiß
(Ø 8 cm, Höhe ca. 15 cm);
Ölfarben nach Wunsch;
Terpentin, Malmittel,
Stupfpinsel Gr. 3;
1 Wachsplatte, weiß;
Wachsklebeplättchen;
Modellierwerkzeug;
künstliche Staubgefäße

1. Auf einer Fliese oder einem alten Teller die verschiedenen Farbtöne ziemlich dünn anmischen. Beginnend mit zartem Grün, die Farben von unten nach oben ineinander übergehend auf die Kerze stupfen.

2. Das Blütenmotiv (Vorlage Seite 71) auf eine weiße Wachsplatte übertragen und ausschneiden. Wachsreste erwärmen und das Motiv damit in Form modellieren (siehe Grundtechnik Seite 8).

Die fertige Blume auf der Rückseite vorsichtig mit einem leicht erwärmten Klebeplättchen bestreichen und auf der Kerze fixieren.

3. Die Blüten dünn mit weißer Ölfarbe bemalen, mit einem Lumpen abtupfen und die Blütenblätter farbig schattieren. Stiele und Blätter mit einem zarten Grün bemalen. In die Mitte der großen Blüte drei Löcher stechen und die künstlichen Staubgefäße hineinstecken.

Details aus goldfarbenem Wachs geben der Kerze elnen noch festlicheren Charakter.

15

Sonnenblume

Material:
Stumpenkerze, hellblau
(Ø 8 cm, Höhe 14 cm);
Knetwachs: gelb, braun,
hellgrün, dunkelgrün;
Wachsschnur, hellblau;
Papiermesser

Aus Wachsschnur drehen Sie eine Kordel und verzieren damit den oberen und unteren Kerzenrand. Kneten Sie das braune Wachs etwas durch, formen Sie einen Blumenstengel, und drücken Sie ihn auf die Kerze. Für die Blätter verkneten Sie dunkelgrünes, hellgrünes und ein wenig weißes Wachs, für die Blütenblätter gelbes mit etwas weißem Wachs. Modellieren Sie kleine Stücke der grünen Mischung dünn aus, schneiden Sie sieben Blätter aus, und kerben Sie die Blattränder ein. Die Blätter bringen Sie neben dem Stiel an. Aus einem flachgekneteten Stück braunem Knetwachs schneiden Sie einen Kreis aus und drücken ihn als Blütenmittelpunkt auf die Kerze. Darum herum gruppieren Sie unterschiedlich große Blütenblätter aus der gelben Wachsmischung. Einige gelbweiße Kügelchen geben dem Mittelpunkt der Blüte Struktur.

Seerose

Material:
Stumpenkerze, weiß
(Ø 6 cm, Höhe 23 cm);
Plattenwachs: je 2 Platten
in zwei verschiedenen
Grün- und Rosatönen;
Ölfarben, weiß und blau

Als Grundierung vermischen Sie die weiße Ölfarbe mit etwas Blau und tragen diesen Wasserton auf die Stumpenkerze auf. Dabei bleibt das obere Viertel unbearbeitet. Ist die erste Schicht trocken, so ziehen Sie mit dem Pinsel kleine Wellenlinien in unvermischtem Blau. Übertragen Sie nun die Vorlagen für Blüten und Blätter (Seite 70) auf die entsprechenden Wachsplatten und schneiden Sie alle Teile mit dem Messer aus. Es erleichtert die Arbeit, wenn Sie Stiele und Blätter auf die Kerze drücken, bevor Sie die Blüten zusammensetzen. Mit schmalen Blättern in zwei Grüntönen läßt sich die gemalte Wasserkante gut kaschieren. Beim Zusammensetzen der dekorativen Seerosenblüten sollten Sie darauf achten, mit dem helleren Rosaton zu beginnen.

Osterkerzen

Material:
Stumpenkerzen, weiß (für die Kerze mit Jahreszahl Ø 5 cm, Höhe 27 cm; für die Kerze mit Lamm Ø 8 cm, Höhe 20,5 cm; für die Kerze mit Kreuz Ø 7 cm, Höhe 24 cm); Plattenwachs je nach Motiv: Braun- und Rottöne, gold, weiß, schwarz

Ganz unterschiedlich wirken die drei Osterkerzen, für die als Basis weiße Stumpenkerzen ausgewählt wurden. Besonders klar und graphisch ist die große Kerze aufgebaut, für die Sie in einem ersten Arbeitsschritt alle benötigten Wachsstreifen in Dunkelrot und Gold zuschneiden (Vorlage Seite 76). Im Mittelpunkt der Komposition steht das Christus-Symbol, das aus 8 mm breiten Wachsstreifen in Rot zusammengefügt wird, auf die Sie die schmaleren Goldstreifen so auflegen, daß eine rote Kante sichtbar bleibt. Drücken Sie zunächst den senkrechten Balken auf, den Sie oben und unten schräg abschneiden, so daß jeweils 2,5 cm des Kerzenkörpers frei bleiben. Nun können Sie Querbalken und Bogenlinie ansetzen und schließlich das gesamte Symbol ein zweites Mal in Gold arbeiten. Zum Schluß formen Sie Alpha- und Omegazeichen und Jahreszahl.

Kreuz und Lamm als fundamentale christliche Zeichen zieren die Osterkerze auf der gegenüberliegenden Seite links. Übertragen Sie Kreuz und Lamm auf die entsprechenden Wachsplatten (Vorlage Seite 75) und schneiden Sie beide Motive aus. Drücken Sie zuerst das Kreuz auf die Kerze, bevor Sie es mit dem Lamm schmücken und beide Elemente mit dünnen Wachsstreifen in Rot bzw. Schwarz konturieren.

Modern und schlicht ist die Wirkung des Kreuzes auf der Osterkerze rechts. Größe und Position sind abhängig von der Gesamthöhe der Kerze. Bestimmen Sie zunächst das Zentrum der Komposition, das etwas oberhalb der Kerzenmitte liegen sollte. Dort deuten Sie mit fünf Wachsquadraten (Kantenlänge ca. 1,5 x 1,5 cm) die Kreuzbalken an, die Sie mit immer kleiner werdenden Rechtecken vervollständigen. Zum Abschluß sprühen Sie etwas Goldspray auf die Mitte des Kreuzes.

Mein Tip:

Eine weiche Unterlage aus Schaumstoff erleichtert das Verzieren der Kerzen.

18

Ostereier

Material:
Ostereierkerzen in belie-
bigen Größen und Farben;
Plattenwachs: hellbraun,
dunkelbraun, grün, gelb,
flieder, rot, weiß,
schwarz;

evtl. Reste von
Wachsornamenten;
Deckwasserfarben
oder Ölfarben,
Terpentin, Malmittel

Bei diesen fröhlich-bunten
Ostereiern können Sie
Ihrer Phantasie freien Lauf
lassen. Besonders die kleineren Eier eignen sehr
gut zum Verwerten von
Wachsplatten-Resten oder
übriggebliebenen Orna-
menten.

Das große, gelbe und das
mittelgroße, rote Ei wer-
den dekoriert wie die Krokuskerze auf Seite 12.
Einige Stiele aus braunem
Wachs und ein paar grüne

Blätter bilden das Gerüst für die übrige Komposition. Die Weidenkätzchen werden aus größeren, weißen und kleineren, braunen Wachskügelchen geformt und an die Stiele gesetzt. Die Blüten werden aus jeweils drei Blütenblättern zusammengesetzt und als Tuff auf der Kerze fixiert. Beim Andrücken leistet ein Zahnstocher oder Schaschlikspießchen gute Dienste. Zwischen die Blüten passen einige grüne Blätter. Wer mag, kann einen Marienkäfer (siehe Seite 12) auf die Kerze setzen.

Das Motiv für die Häschenkerze kann man entweder auf die hellbraune Wachsplatte aufzeichnen und mit dem Messer ausschneiden oder mit einer passenden Plätzchenform ausstechen und auf die Eierkerze drücken. Konturen markiert man mit dunklerem Braun. Stummelschwanz und Auge werden weiß abgesetzt. Das Auge bekommt zusätzlich eine dunkelbraune Iris. Aus grünem Wachs wird dann das Gras ausgeschnitten und rund um den Fuß der Kerze angedrückt. Nach Belieben kann die Kerze mit Weidenkätzchen-Zweigen oder Blumen zusätzlich verziert werden.

Reste von fertigen Wachsornamenten befestigen Sie einfach auf farblich passenden Eierkerzen und können auf diese Weise in kurzer Zeit eine originelle Dekoration für den Ostertisch anfertigen.
Wer mag, kann die Eierkerzen auch mit Deck- oder Ölfarben bemalen.

Je nach Geschmack eignen sich Phantasiedekors ebenso wie figürliche Motive, etwa Häschen oder Küken. Natürlich kann man die Kerzen in Farbe und Muster auch auf das Geschirr oder die Servietten auf dem Ostertisch abstimmen.

Mein Tip:

Gestalten Sie für jedes Familienmitglied oder jeden Gast beim Osterfrühstück eine eigene Eierkerze anstelle einer Tischkarte.

Brot und Wein

Material:
Stumpenkerze, weiß
(Ø 8 cm, Höhe 28 cm);
Plattenwachs: je 1 Platte
antik-gold und enzianblau,
je 1/2 karminrot und som-
mergelb,
Gemisch grün-gold-rot,
Rest dunkelbraun;

Wachsschnur, rot,
ca. 1 m;
Perlenschnur, weiß,
ca. 1/2 m;
2 – 3 Wachsklebeplättchen

1. Ein 4 cm breites Band aus antikgoldenem Wachs um den unteren Rand der Erntedank-Kerze legen. Diesen Streifen oben und unten mit einer Borte aus Perlenschnur einfassen; die Perlenschnur auf bei-den Seiten mit roter Wachsschnur umgeben.

Diese Borte auf Stücken von Wachsklebeplättchen fixieren. (Vorsicht! Die Perlenschnur besteht aus Kunststoff, daher diesen Teil der Kerze nicht abbrennen!) Wer möchte, kann aus schmalen Strei-fen der antikgoldenen Wachsplatte einen Zopf flechten und den Sockel der Kerze damit zusätzlich verzieren.
Das Kreuz (Vorlage Seite 78) zunächst aus breite-ren, roten Streifen appli-zieren, auf die schmalere, goldene gesetzt werden. Die Strahlen aus antikgol-denem Wachs schneiden.

2. Die fünf Ähren entste-hen aus gelbem Wachs, wie beim „Bunten Som-merstrauß" auf Seite 14 beschrieben.

3. Das Rankengerüst für den Wein aus schmalen, braunen Wachsstreifen legen und darauf Trauben aus kleinen, blauen Wachskugeln applizieren. Aus dem grün-rot-golde-nen Gemisch elliptische Formen schneiden, von denen jeweils fünf zu einem stilisierten Weinblatt zusammengesetzt werden. Die Blattrippen mit dem Messer einritzen und die Spitzen mit den Fingern nachformen.

Erntedank

Material:
Leuchterkerze, weiß
(Größe nach Wunsch);
Plattenwachs (Farben
je nach Motiv);
evtl. Schriftmuster

Mit Plattenwachs lassen
sich Kerzen für jeden
Anlaß gestalten. Ein Bei-
spiel dafür sind diese beiden Erntedank-Kerzen.
Für die linke Kerze werden
aus Wachsstreifen Kreuz
und Korb geformt und mit
Trauben, Ähren und Blät-
tern dekoriert. Die Buch-
staben für das Wort „Ern-
tedank" sind ebenfalls aus
schmalen Wachsstreifen
geformt.
Eine Herausforderung
auch für Geübte stellt die
rechte Kerze dar: Die
Schrift wurde aus einem
alten Buch kopiert und mit
Wachsstreifen nachgear-
beitet. Ähren und Blumen
wurden aus Wachsplatten
ausgeschnitten und auf die
Kerze gedrückt, die Getrei-
dekörner zusätzlich mit
einem leichten Schnitt
strukturiert. Ein Band aus
einem breiteren, braunen
und einem schmalen,
goldfarbenen Streifen
Wachs säumt den unteren
Rand der Kerze.

Es weihnachtet

Material:
Stumpenkerze, grün
(Ø 8 cm, Höhe 18 cm)
für Stechpalmenzweig;
Stumpenkerze, hellblau
(Ø 7,5 cm, Höhe 14 cm)
für Schlittenfahrt;
Deckfarben, Deckweiß;
Glitter Paint Writer, gold
(für Stechpalmenzweig);
Rundpinsel Nr. 1 und 3,
Flachpinsel Nr. 4;
Silberglitter (für die
Schlittenfahrt)

Vorlagen von Seite 70/71
auf die Kerzen übertragen
(siehe Grundtechniken)
und entsprechend dem
Foto oder nach eigenen

Vorstellungen mit Deckfarben ausmalen. Die Blätter gelingen besonders plastisch, wenn man in der

Mitte mit Dunkelgrün beginnt und nach außen hin immer mehr Hellgrün dazumischt. Mit dem Glitter Paint Writer malen Sie die Schleife am Beerenzweig aus und verteilen viele glitzernde Punkte auf der ganzen Kerze.

Schnee und Schneeflocken auf der Schlittenkerze malen Sie mit Deckweiß und drücken abschließend Silberglitter auf die ganze Kerze.

Mein Tip:

Den Stechpalmenzweig können Sie auch auf eine dunkelrote Kerze malen und mit einem silbernen Glitter Paint Writer verzieren.

Adventsgesteck

Material:
4 Stumpenkerzen, dunkel-
pink, unterschiedlich
hoch;
Plattenwachs: 4 Platten
dunkelgrün, 2 silberglän-
zend

Um jede Kerze wird ein
asymmetrischer Streifen
dunkelgrünes Wachs
gelegt, so daß sich die auf
dem Foto sichtbare Farb-
aufteilung ergibt. Die
dynamische Form betonen
zwei Streifen aus silber-
glänzendem Wachs. Auf
der freibleibenden pink-
farbenen Fläche werden
silberne Wachspunkte
verteilt.
Passend zu diesen Kerzen
wählen Sie nun die Bänder
für die üppige Schleife am
Adventsgesteck aus. Auf
pinkfarbenes Band können
Sie mit einem Lackstift
silberne Punkte malen.

Mein Tip:

Besonders hübsch sieht
das Gesteck aus, wenn es
zusätzlich mit farblich
passenden Kugeln deko-
riert wird.

Goldener Engel

Material:
farbige Stumpenkerzen
(Ø 7 cm, Höhe 18 cm);
Plattenwachs, goldfarben

Auch wer noch wenig Erfahrung mit der Kerzengestaltung hat, wird an dieser ausgefallenen Weihnachtskerze Gefallen finden. Suchen Sie für den goldglänzenden Engel eine farbige Kerze aus, die zu Ihrer übrigen Dekoration paßt. Auf dunklem Untergrund kommt das klare Muster besonders gut zur Geltung. Sie pausen zunächst die Zeichnung ab (Vorlage Seite 71) und übertragen die Umrisse auf die Wachsplatte. Je dichter Sie dabei die Einzelteile aneinanderlegen, umso weniger Material verbrauchen Sie. Haben Sie alle Teile zugeschnitten und den Rand geglättet, so daß keine Unregelmäßigkeiten und Grate stehengeblieben sind, legen Sie die Teile entsprechend der Vorlage auf Ihre Kerze. Erst, wenn Ihnen die Anordnung gelungen erscheint, drücken Sie nacheinander alle Elemente fest an.

Christbaumschmuck und passende Kerze

Material:
Stumpenkerze, weinrot (Ø 7 cm, Höhe 18 cm); Styroporkugeln, -herzen und -glocken;

1 Paket Plattenwachs, weinrot; Wachssilberborten; Wischmetall, silberfarben; Silberkordel

Die Wachsplatten so lange zwischen den Händen erwärmen, bis sie geknautscht werden können, ohne zu brechen, und um die Styroporformen legen. Ansätze lassen sich in Knautschfalten verstecken. Den Rand der Glocken und die Mitte von Herzen und Kugeln mit Wachssilberborte verzieren. Eine Silberkordel zum Aufhängen mit einer Stecknadel an den Styroporformen befestigen. Die ungewöhnliche Oberflächenstruktur der Kerze erzielt man mit dem Gurkenschäler. Aber Vorsicht: Nicht zu tief schälen, sonst blättert die Farbschicht der Kerze ab! Um die Mitte der Kerze oder auch am Fuß einen Ring aus geknautschtem Plattenwachs anbringen. Mit einem Lappen Wischmetall aufnehmen, über die Knautschfalten auf Kerze und Christbaumschmuck wischen und leicht nachpolieren.

Mein Tip:

Gestalten Sie Christbaumschmuck in verschiedenen Farben. Das geknautschte und versilberte Plattenwachs läßt ihn trotzdem einheitlich erscheinen.

Silberdistel

Material:
Stumpenkerze, weiß
(Ø 6 cm, Höhe 10 cm);
Plattenwachs: mattsilber,
karminrot, schwarz,
dunkelbraun, grün
(evtl. Wachsreste)

1. Schmale, dunkelbraune Wachsstreifen als Grundgerüst auf die Kerze drücken. Grüne Wachsreste zwischen den Fingern zu „Nadeln" rollen und links und rechts von den Zweigen befestigen.

2. Lange, lanzettförmige Blütenblätter aus dem mattsilbernen Wachs schneiden, sternförmig auf die Kerze drücken.

3. Einen weiteren Stern aus silbernen Blütenblättern auf Lücke auf den ersten setzen. Sieben kleine Kugeln aus silbernem Wachs in die Mitte drücken. Silberne Reste zwischen den Fingern dünn rollen, Stücke davon V-förmig abknicken und als Staubgefäße rund um das Blütenzentrum festdrücken. Auf den Zweigen rote Beeren mit schwarzen Punkten anbringen.

Weihnachtsstern

Material:
Stumpenkerze, weiß
(Ø 6 cm, Höhe 10 cm);
Plattenwachs: karminrot,
mattgold, tannengrün
(Reste), dunkelbraun,
gelb

Arbeitsweise wie bei der
Silberdistel (Seite 29):
Zweige aus schmalen,
dunkelbraunen Wachs-
streifen legen die Aufteilung des Dekors fest. Die
Nadeln werden aus grünen
Wachsresten zwischen den
Fingern gerollt und an die
Zweige gesetzt. Lanzett-
förmige Blütenblätter aus
rotem Wachs fixiert man
sternförmig auf den Zwei-
gen und setzt eine zweite
Runde Blütenblätter auf
Lücke darauf. Sieben kleine, gelbe Kugeln bilden
das Blütenzentrum.

Mein Tip:

Diese Kerze kommt auf
einem roten oder grünen
Ständer besonders gut
zur Geltung.

Christkindgrotte

Material:
Stumpenkerze, rot
(Ø 7,5 cm, Höhe 12 cm);
Plattenwachs: mattgold,
goldglänzend, tannengrün,
dunkelbraun, weiß, gelb;
Christkindfigur aus Wachs
(2,5 bis 3 cm lang);
Wachsklebeplättchen;
3 kleine, glänzende
Papiersterne

1. Grotte mit dem Messer aus der Kerze herausschnitzen. Vorsicht: Die äußere rote Wachsschicht der Kerze blättert leicht ab.

Grotte mit mattgoldenem Wachs auslegen, Rand mit einem Zopf aus schmalen, goldenen Wachsstreifen umgeben. Christkindfigur mit Wachsklebeplättchen in der Grotte anbringen.

2. Links und rechts von der Grotte Tannenzweige aus braunen Wachsstreifen (Zweige) und möglichst feinen „Nadeln" aus grünem Wachs applizieren.

3. Den unteren Rand der Grotte mit einigen Blättern aus grünem Wachs säumen. Eventuell einige glänzende Papiersterne mit Klebeblättchen (kein Alleskleber!) in die Grotte kleben.

4. Fünf Christrosenblüten aus jeweils fünf Blütenblättern formen und an der Kerze anbringen. Für die Staubgefäße feine Röllchen aus gelbem Wachs rubbeln, V-förmig abknicken und mit Messer oder Zahnstocher in die Blütenmitte drücken. Kleine, mattgoldene Kugeln auf den Tannenzweigen fixieren und jeweils leicht mit einem Zahnstocher einstechen.

Mein Tip:

Schön sieht auch eine weiße Kerze mit einer rot ausgelegten Grotte aus.

Leuchtende Krippe

Material:
**9 Stumpenkerzen, altrosa
(Größen siehe unten);
Deckwasserfarben (inkl.
Gold, Silber und Deck-
weiß);
Flachpinsel Nr. 4,
Rundpinsel Nr. 1;
Glitter-Stifte (Glitter Paint
Writer): gold, silber, blau;
Lackstifte: grün, weiß,
hellrot, braun, gold, silber;
Glitter, durchsichtig;
Wachsschnur, altrosa**

Diese ungewöhnliche
Krippe besteht aus neun
Kerzen: Maria und Josef
(jeweils Ø 8 cm, Höhe 22
cm), Christkind (Ø 10 cm,
Höhe 14 cm), Hirte (Ø 8
cm, Höhe 22 cm), drei
Königen (Ø 8 cm, Höhe
26 cm; Ø 8 cm, Höhe 24
cm; Ø 10 cm, Höhe 12
cm), Schafen (Ø 10 cm,
Höhe 10 cm) und Engeln
(Ø 7 cm, Höhe 28 cm).
Selbstverständlich können
Sie eine oder mehrere
Figuren weglassen.

Das Arbeitsprinzip ist bei
allen Kerzen dieser Serie
dasselbe. Sie vergrößern
die Vorlage auf Seite
68/69 per Kopierer oder
Rasterzeichnung um die
Hälfte (zwei Zentimeter der
Vorlage entsprechen also
drei Zentimetern im Original) und übertragen die
Zeichnung mit Kohlepa-
pier auf die Kerze. Dabei
legen Sie die Vorlagezeich-
nung für die Engel bündig
am oberen, alle anderen
Motive am unteren Rand
der jeweiligen Kerze an.
Die Gesichter malen Sie in
Braun mit feinem Pinsel
auf, größere Flächen
gestalten Sie mit dem
Flachpinsel entsprechend
dem Foto. Details wie das
Muster am Rocksaum der
Maria malen Sie mit dem
Lackstift und umranden
die Farbflächen der Klei-
dung mit passendem
Lack- oder Glitterstift. Mit
den Glitterstiften können
Sie außerdem Akzente
setzen, etwa an der Klei-
dung der Könige oder der
Engel.
Die Engel-Kerze
umwickeln Sie bis zum
Unterrand der Wolke eng
mit der Wachsschnur und
drücken auf Wolke und
Wachsschnur durchsich-
tigen Glitter. Den übrigen
Kerzen, deren Motiv nicht

bis zum oberen Rand
reicht, können Sie nach
Belieben einen Saum aus
Wachsschnur geben.

Mein Tip:

Da der Grundton der Ker-
zen Altrosa ist, brauchen
Sie – bis auf den Moh-
renkönig – Gesichter und
Hände nicht auszumalen.

Festliches Licht

Taufe und Erstkommunion

Taufe und Erstkommunion sind bedeutsame Feste im Leben eines Kindes. In manchen Familien begleitet die Taufkerze den Christen durch Jahrzehnte, wird als Kommunion- und später als Hochzeitskerze wieder entzündet. Wir werden daher einer solchen Kerze besondere Mühe widmen.

Schon die Wahl der Symbole, die die Kerze zieren sollen, erfordert einige Überlegung. Für eine reine Taufkerze bieten sich etwa das Christusmonogramm PX (die griechischen Buchstaben Chi und Rho; Vorlagen auf Seite 76) und die Taube als Sinnbild des Heiligen Geistes an. Wenn das Kind die Kerze später zur Erstkommunion tragen soll, können Sie auch Trauben und Ähren als Bilder für Brot und Wein applizieren. Mit goldfarbener Durchschreibefolie oder in Buchstaben aus goldfarbenem Platten-

wachs schreiben Sie den Namen des Kindes und das Taufdatum auf die Kerze. Wenn Sie zusätzlich noch das Geburtsdatum angeben wollen, kennzeichnen Sie das Taufdatum durch Wellen als Zeichen für das Taufwasser und den Geburtstag durch einen Stern.
Ob Sie die Kerze aufwendig oder eher schlicht dekorieren, hängt ganz von Ihrem persönlichen Geschmack ab. Sie können sich auf einige schmale Streifen aus farbigem Wachs beschränken oder aber Ihr Werk üppig mit Wachsgoldborten und Blumenarrangements aus Plattenwachs schmücken. Einige Beispiele finden Sie auf den folgenden Seiten.

Getauft auf den Namen...

In einer guten Stunde fertig ist die Taufkerze mit dem Kinderwiegen-Motiv. Wie groß Sie die Kerze wählen, liegt bei Ihnen. Eine Vorlage für die Wiege finden Sie auf Seite 75. Übertragen Sie das Motiv auf eine Wachsplatte in der gewünschten Farbe, schneiden Sie es aus, und applizieren Sie es auf die Kerze. Für die Schrift verwenden Sie entweder Durchschreibfolie in Gold oder Silber oder einen Lackstift. Die Details der Wiege und die Blümchen malen Sie mit Öl- oder Deckfarbe auf. Ein Blütenzweig (siehe zum Beispiel Seite 14) schmückt die rechte Kerze. Auch heute noch werden gerne rosa Blüten für Mädchen und hellblaue für Jungen verwendet, doch Sie können natürlich auch jede andere Farbe wählen. Aus goldfarbenem Plattenwachs werden das PX-Zeichen und die Kontur der stilisierten Taube als Zeichen des Heiligen Geistes geschnitten. Die Wellen werden ebenso wie Buchstaben und Ziffern aus schmalen Wachsstreifen geformt und markieren das Taufdatum.

Obwohl die Kerze mit dem blauen Dekor sehr festlich wirkt, erfordert sie keinen hohen Aufwand. Das PX-Zeichen (Vorlagen auf Seite 76) können Sie aus goldfarbenem und etwas schmaler aus blauem Plattenwachs ausschneiden und übereinander auf der Kerze anbringen oder eine Applikation aus blauen Wachsstreifen mit schmalen, goldfarbenen Rändern einfassen. Die breiten Ringe aus blauem Plattenwachs, umgeben von fertigen Wachsgoldborten, können mit goldfarbener Durchschreibefolie beschriftet werden.

Für die Applikation auf der zweiten Kerze von rechts finden Sie eine Vorlage auf Seite 77. Für die Trauben können Sie violette Wachsreste mit Weiß verkneten und daraus Kügelchen formen.

Die Rosenranken auf den beiden übrigen Kerzen haben sehr einfach gestaltete Blätter. Dafür schneiden Sie aus gold- oder silberglänzendem Plattenwachs einen etwa 0,5 cm breiten Streifen, ritzen ihn der Länge nach ein und schneiden ihn schräg zu kleinen Rauten. Die Schleife wird modelliert, wie bei den Grundtechniken (Seite 8) beschrieben. Die Röschen werden aus rosa- oder fliederfarbenen Wachsblättchen zusammengesetzt.

Kommunionkerzen

Material:
Kerze, weiß
(Ø 3,5 cm, Länge 50 cm);
Stumpenkerzen
(Ø 5,5 cm, Höhe 5,5 cm);
Plattenwachs, silberglän-
zend;
Wachsmotiv „Kelch";
Deckwasserfarben

Bilden Sie aus einem 2 mm
breiten, silberfarbenen
Wachsstreifen ein großes
Oval auf der Kom-
munionkerze, und legen
Sie einen Ring um jede
Tischkerze. Links und
rechts von diesen Streifen
malen Sie nun die
Blümchen und Blätter. Zur
Abwechslung können Sie
bei den Tischkerzen auch
die Blümchengirlande zwi-
schen zwei Silberstreifen
malen.
Zwei Silberstreifen legen
Sie im unteren Drittel um
die Kommunionkerze und
formen aus ebenfalls
2 mm breiten Streifen die
Christus-Initialen PX.
Darüber applizieren Sie
das fertige Kelch-Motiv.

Mein Tip:

Fertigen Sie für jeden
Gast bei der Kom-
munionfeier eine eigene
Tischkerze als Erinnerung
an das Fest an.

Material:
Kerze, weiß
(Ø 5 cm, Höhe 27 cm);
Plattenwachs:
goldglänzend, rot

1. Position der Blütenstiele
auf die Kerze zeichnen.

2. Stiele aus feinen, goldfarbenen Wachsstreifen
applizieren.

3. Blattformen aus der
goldfarbenen Wachsplatte
ausschneiden und entlang
der Stiele fixieren.

4. Sieben Rosen nach der
auf Seite 8 beschriebenen
Grundtechnik aus rotem
Plattenwachs formen und
auf den Stielen andrücken.
Eventuell vorher leicht mit
einem erwärmten Wachs-
klebeplättchen einstreichen.

5. An den Blütenansätzen
noch einige weitere Blätter
anbringen. Alle Blätter
längs einritzen. Stiele
unten abschrägen.

Tischkerze
für die Kommunionfeier

Material:
Stumpenkerze, weiß
(Ø 6 cm, Höhe 23 cm);
Plattenwachs, weiß;
Wachsgoldborte

Durch die fertige Gold-
borte ist diese effektvolle
Kerze sehr rasch nachzu-
arbeiten. Übertragen Sie
das Christus-Monogramm
PX (Vorlage Seite 76) auf
die weiße Wachsplatte,
schneiden Sie es aus, und
applizieren Sie es auf die
Kerze. Darunter legen Sie
einen etwa 1 cm breiten,
weißen Wachsstreifen rund
um die Kerze. Nun müssen
Sie nur noch das Mono-
gramm und den Streifen
mit Wachsgoldborte ein-
fassen.

Mein Tip:

Weiße Verzierungen
wirken besonders edel.
Sie können aber die Kerze
auch in einer anderen
Farbe dekorieren und die
Motive mit Silberborte
einfassen.

Hochzeitskerze

Material:
Stumpenkerze, weiß
(Ø 8 cm, Höhe 25 cm);
Plattenwachs:
2 bis 3 Platten pink,
1 bis 2 tannengrün, weiß,
goldglänzend

Applizieren Sie als erstes das Christus-Monogramm PX (Vorlage Seite 76), das aus drei Schichten aufgebaut wird: pink (10 mm breite Streifen), weiß (8 mm) und goldglänzend (6 mm).

Links davon plazieren Sie die Eheringe, das Hochzeitsdatum und die Namen der Brautleute. Ringe, Buchstaben und Ziffern bekommen eine Unterlage aus tannengrünem Wachs. Die Ringe sind aus etwa 1 mm breiten Streifen der goldfarbenen Wachsplatte geflochten.
Komplettiert wird das Arrangement durch die Rosenranke, deren Grundgerüst Zweige mit Ranken und Blättern aus grünem Plattenwachs bilden. Darauf setzen Sie beliebig viele Rosen, die Sie nach der Anleitung auf Seite 8 aus dem pinkfarbenen Wachs anfertigen. Selbstverständlich können Sie die Kerze auch mit beliebigen anderen Blüten verzieren.

Mein Tip:

Buchstaben und Zahlen gelingen am leichtesten, wenn man sie nicht am Stück aus den Wachsplatten schneidet, sondern aus feinen Wachsstreifen zusammensetzt.

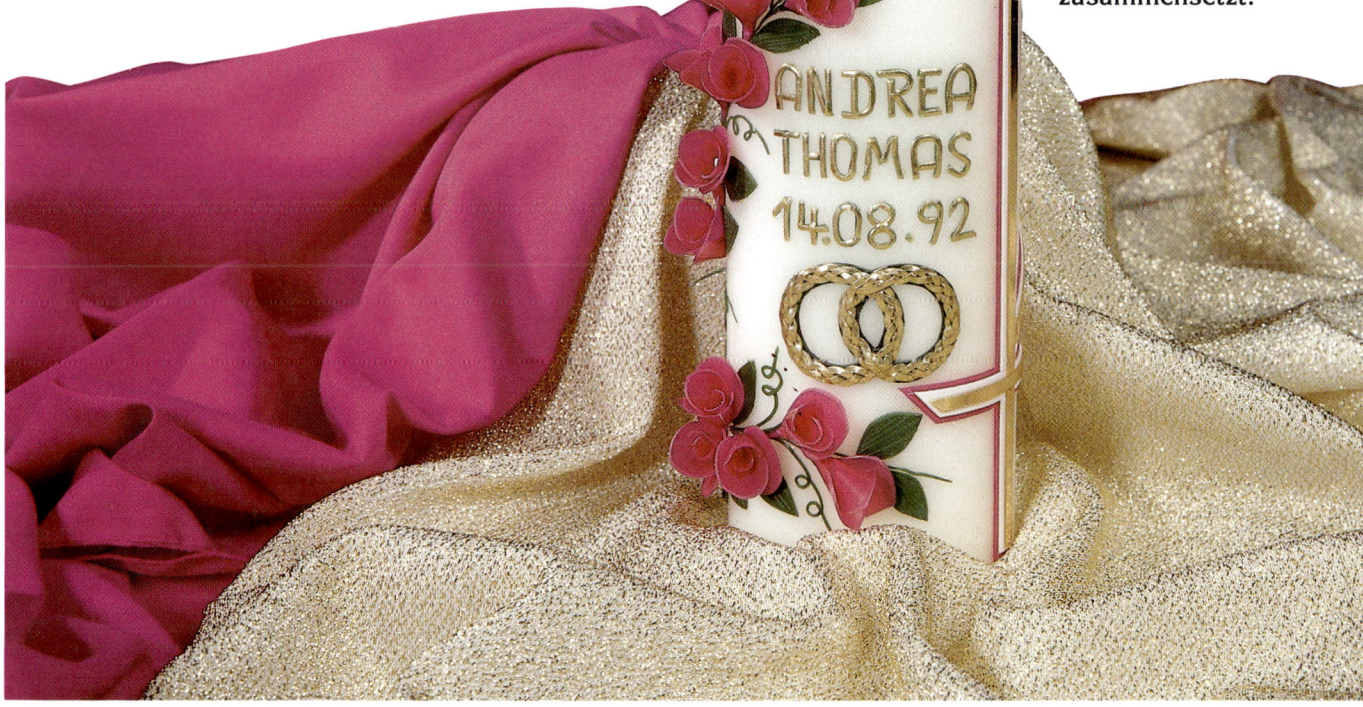

Für das Brautpaar

Material für alle Modelle:
Stumpenkerzen
(∅ 6 – 8 cm,
Höhe 23 – 27 cm);
Eheringe (selbst geformt
oder fertig gekauft)

zusätzlich für das Kreuz:
Plattenwachs, bunt,
schwarz und goldfarben;
Goldspray;
Straßstein

**zusätzlich für
die Schriftkerze:**
Plattenwachs, schwarz
und goldfarben

**zusätzlich für
die Schnecke:**
Plattenwachs, bunt;
Goldspray

**zusätzlich für
das Brautpaar:**
Lackstift oder Ölfarbe,
schwarz;
kleine weiße Stoffblüten
mit Stiel

Vier Vorschläge für ausgefallene Hochzeitskerzen, die an den besonderen Tag erinnern sollen. Kreuz und Schneckenband sind etwas einfacher zu fertigen, für den Schriftzug und das gezeichnete Brautpaar sollten Sie schon etwas Erfahrung mitbringen.

Kreuz
Beginnen Sie mit dem Kreuz, das Sie auf die bunte Wachsplatte übertragen (Vorlage Seite 79) und ausschneiden. Mit Goldspray markieren Sie den Schnittpunkt der Balken. Achten Sie beim Andrükken auf einen geraden Linienverlauf. Versetzte Konturen in Schwarz und Gold (s. Foto) lassen das Kreuz besonders plastisch erscheinen, ein kleiner Straßstein, mit einem Klebepunkt befestigt, betont das Zentrum. Zum Schluß fixieren Sie die verschlungenen Eheringe.

Schriftkerze
Aufgelegte Buchstaben wirken edel, müssen aber sauber ausgeschnitten werden. Übertragen Sie den Schriftzug auf die goldfarbene Wachsplatte und schneiden Sie alle Einzelbuchstaben aus (Vorlage Seite 79). Für

das Sockelband benötigen Sie einen 2,5 cm breiten, goldfarbenen Wachsstreifen in einer Länge, die dem Umfang der Kerze entspricht. Bevor Sie den Streifen andrücken, schneiden Sie ein kleines Feld für die Ringe heraus, die Sie im nächsten Schnitt in die Aussparung drücken. Jetzt erst legen Sie die Buchstaben auf. Dünne schwarze Streifen fassen das Sockelband ein und schattieren die Schrift.

Schneckenband
Aus einer bunten Wachsplatte schneiden Sie das abgepauste Graphikmotiv (Vorlage Seite 79) zu und drücken es auf der Kerze fest. Pfenniggroße goldene Punkte, die Sie dort anbringen, wo es Ihnen gefällt, akzentuieren die Wellenlinie. Nun fehlen noch die Eheringe und als Finish ein Hauch von Goldspray.

Brautpaar
Auch ein detailreiches Motiv läßt sich mit einem kleinen Trick auf die Kerze übertragen. Dazu pausen Sie die Zeichnung auf Papier (Vorlage Seite 79) und ziehen die Linien auf der Rückseite des Blattes mit einem weichen Bleistift

nach. Wenn Sie das Blatt nun mit Klebestreifen an der Kerze befestigen und kräftig reiben, erscheint die Zeichnung als dünne Linie auf der Kerze. Sie können sie mit Lackstift oder Ölfarbe ganz leicht nachzeichnen. Einen besonderen, Pfiff bekommt die Kerze durch kleine Seidenblüten: Drahtstiele auf 0,5 cm kürzen und als Brautstrauß und Kopfschmuck im Wachs festdrücken.

Jubiläumskerzen

Material:
Stumpenkerze
(Ø 10 cm, Höhe 12 cm);
Kugelkerze (Ø 10 cm);
fertige Buchstaben oder
Zahlen;

**zusätzlich für
die Stumpenkerze:**
Deckwasserfarben;
Deckweiß

**zusätzlich für
die Kugelkerze:**
Plattenwachs, rosa und
goldfarben

Individuell verzierte Kerzen sind ein beliebtes Geschenk zur silbernen oder goldenen Hochzeit, aber auch zu anderen Jubiläen. Die Gestaltungsmöglichkeiten sind vielfältig: Sie können die Kerze bemalen und mit fertig gekauften Buchstaben und Zahlen dekorieren oder ein plastisches Dekor aus Wachsplatten applizieren. Die Vorschläge auf diesen Seiten sollen Ihnen als Anregung für eigene Entwürfe dienen, denn selbstverständlich lassen sich auch andere Modelle dem Anlaß entsprechend gestalten. Für das Stiefmütterchenmotiv auf der Silberhochzeitskerze übertragen Sie die Vorlage von Seite 71 auf eine Stumpenkerze. Möchten Sie ein anderes Kerzenformat wählen, so achten Sie darauf, daß die Proportionen zwischen Kerze und Dekor stimmen. Das Motiv malen Sie mit Deckwasserfarben aus. Die Blüten wirken besonders plastisch, wenn Sie die Farbe mit Deckweiß stellenweise aufhellen. Blattränder und Stengel ziehen Sie mit Silber leicht nach. Ist die Farbe trocken, bringen Sie die Schrift aus fertigen Wachsbuchstaben an.

Die kleine Kugelkerze ist
die richtige Tischdekora-
tion für einen runden
Geburtstag. Die Zahl aus
goldfarbenem Wachs wird
locker umrankt von zarten
floralen Elementen. Legen
Sie dazu möglichst dünne
Wachsstreifen, die Sie aus
einer goldfarbenen Platte
geschnitten haben, als
Blütenstengel auf. Dabei
bleibt das optische Zen-
trum ausgespart und für
die Zahl reserviert. Die
Blüten übertragen Sie auf
Wachsplatten (Vorlage
Seite 73) in zartem Rosa;
schmale Goldstreifen
geben ihnen Kontur. Die
Blätter werden aus gold-
farbenem Plattenwachs
geschnitten und appliziert.
Sie wirken besonders
naturalistisch, wenn Sie
die Blattadern mit einer
Nadel einritzen. Zum
Abschluß drücken Sie die
fertigen Zahlen auf.

Mein Tip:

Der Kerzenmittelpunkt läßt
sich vielfältig gestalten.
Vielleicht schreiben Sie
statt der Zahl einen Namen
hinein oder füllen ihn mit
einigen zusätzlichen Blü-
ten. Auch in der Farb-
gestaltung sollten Sie Ihre
eigenen Vorlieben ent-
decken.

Lustige Clowns zum Kinderfest

Material:
Kerze für das Geburtstagskind, weiß oder farbig (Ø 8 cm, Höhe 24 cm); kleinere Kerzen für die Gäste, Farben nach Wunsch; Deckwasserfarben, Rundpinsel Nr. 3; verschiedene Lackstifte

Wenn soviele Clowns die Kinder anlachen, muß das Fest ja einfach ein Erfolg werden. Und weil die Tischkarten-Kerzen während der Feier sicher nicht sehr weit herunterbrennen, darf jedes Kind seine Kerze am Abend mit nach Hause nehmen. Daß die Kinder mit den brennenden Kerzen nicht alleinbleiben sollten, versteht sich von selbst.
Für das Geburtstagskind übertragen Sie den Clown (Vorlage Seite 73) auf die größte Kerze, für jeden Gast jeweils den Kopf des Clowns auf eine kleinere Kerze. Diese Vorzeichnung malen Sie mit Deckfarben aus, ziehen die Konturen mit Lackstift nach und schreiben die Namen der Kinder mit Lackstift dazu. Diese Kerzen dienen als Tischkarten.

Den Clown können Sie auch für weitere Dekorationen verwenden: Verzieren Sie schon die Einladung damit, malen Sie ihn mit Textilfarben auf ein Tischtuch, und bitten Sie die Gäste, ihre Namen ebenfalls mit Textilfarben dazuzuschreiben. Oder bemalen Sie einfache Gläser mit Glasmalfarben.

Mein Tip:

Laden Sie doch die Kinder ein, als Clowns verkleidet auf die Party zu kommen.

Alles Gute zum Geburtstag!

Bei Kindern sind Tiermotive besonders beliebt. Bär und Elefant (Vorlagen Seite 72) werden aus farbigen Wachsplatten ausgeschnitten und auf einfarbige Kerzen appliziert. Details wie Augen und Schnauze des Bären entstehen aus kontrastfarbigem Wachs, die Konturen werden mit dunkleren Streifen aus Plattenwachs gestaltet. Blütenranken (gearbeitet wie beim Sommerstrauß auf Seite 14) und Herzen schmücken die Kerzen zusätzlich. Die Herzen können Sie mit einem winzigen Ausstecher anfertigen, wie es ihn für Sandwich-Garnituren gibt. Die Zahl ist aus roten und goldenen Wachsstreifen geformt.

Mein Tip:

Weitere Motive für lustige Kerzen finden Sie zum Beispiel in Kinderbüchern oder auf Geschenkpapier.

Bei Kinderkerzen dürfen Sie ruhig kräftige Farben verwenden, auch wenn Sie sonst eher Ton in Ton arbeiten: Die meisten Kinder lieben's nun mal bunt! Die Applikationstechnik bietet dafür viele Gestaltungsmöglichkeiten. Wie wäre es zum Beispiel mit der lustigen Ente oder den „herzlichen" Luftballons (Vorlagen Seite 73 u. 74)? Anregungen für Ihre eigenen Entwürfe sollen die beiden anderen Kerzen bieten. Vielleicht finden Sie ein Bild wie den kleinen Clown mit Cello, das sich leicht in eine Wachsapplikation „übersetzen" läßt. Und wer sagt, daß Kerzen nur am Geburtstag brennen dürfen? Überraschen Sie doch Ihren ABC-Schützen an seinem ersten Schultag mit einer Schultüten-Kerze, für die Sie allerlei Wachsplatten-Reste verwenden können. Oder gestalten Sie für Ihr Kind eine Kerze mit Motiven aus seinem Lieblingssport oder aus der Musik (siehe auch Seite 56).

Stellen Sie das Lieblingstier Ihres Kindes stilisiert auf einer Kerze dar.

49

Herzlichen Glückwunsch

Material:
Stumpenkerze
(Ø 6 cm, Höhe 23 cm);
Plattenwachs, silber-
farben, goldfarben, rosa,
zartgrün;
Durchschreibefolie;
evtl. Ölfarben

Diese Geburtstagsblumen welken nicht und werden auch über den Festtag hinaus Freude bereiten. Besonders hübsch sieht es aus, wenn Sie Geschenkpapier und Schleife auf die Farben des Kerzendekors abstimmen.

Nach der Vorlage von Seite 73 übertragen Sie Blüten und Blätter auf farbige Wachsplatten und schneiden die einzelnen Motive aus. Dünne silberne Linien, aus Wachs zugeschnitten, winden sich in heiterem Schwung um die Kerze.

Nun bleibt es Ihrem Empfinden überlassen, wie Sie die Blüten und Blätter plazieren und die Farben verteilen. Die Blüten bekommen einen schmalen silbernen Rand, die Adern der Blätter werden mit der Nadel eingeritzt. Wollen Sie einen Glückwunsch oder den Namen des Geburtstagskindes in Ihre Komposition integrieren, so setzen Sie die Blüten nach außen und lassen den Mittelpunkt zunächst frei. Schrift aus dünnen Wachsstreifen zu formen, erfordert Erfahrung und Geschick. Mit vorgefertigten Wachsbuchstaben, die Sie in verschiedenen Größen und Schriftarten im Handel bekommen, erleichtern Sie sich die Arbeit. Für das Modell wurde Durchschreibefolie verwendet.

Mein Tip:

Schattieren Sie Blüten und Blätter mit Ölfarben in einem etwas helleren oder auch dunkleren Ton. Sie werden überrascht sein, wie lebendig Ihre Kerze wirkt.

Ein Dankeschön zum Muttertag

Über eine selbstgestaltete Kerze zum Muttertag wird sich wohl jede Mutter freuen. Unsere Vorschläge sind so einfach nachzuarbeiten, daß größere Kinder alleine damit zurechtkommen. Weil zum Schneiden der Wachsplatten aber ein Messer gebraucht wird, sollten der Vater oder ältere Geschwister aber den Kleineren zur Hand gehen. Die weiße Kerze links bekommt zunächst ein Muster aus roten Plattenwachs-Streifen. Darauf werden nach Belieben goldglänzende Wachsborten und -ornamente appliziert: So erzielt man mit einfachen Mitteln eine eindrucksvolle Wirkung. Die honigfarbene Kerze entsteht aus zwei Wabenplatten, die aufeinandergelegt und eng um einen Docht gewickelt werden (siehe auch Seite 9). Zwei Streifen aus einer dritten Wabenplatte, eingerahmt von naturfarbenen Wachsschnüren, schließen die Kerze oben und unten ab. Ein Herz aus einem Rest goldfarbenem Plattenwachs und ein Glückwunsch aus fertig gekauften, goldfarbenen Wachs-

buchstaben komplettieren die Kerze.
Besonders schnell fertig ist die rote Kerze. Sie wird ganz unregelmäßig mit roten Wachsschnüren

umwickelt und bekommt ein Dekor aus roten Herzen, die aus Plattenwachsresten geschnitten werden.

Die Herzen werden mit goldfarbener Wachsborte eingefaßt.

Mit Kerzen
dekorieren

Komposition in Rot

Wenn Sie einmal damit angefangen haben, Kerzen selbst zu gestalten, werden Sie sie bald nicht mehr nur als Geschenk oder Tischschmuck zu verschiedenen Anlässen sehen, sondern auch als dekoratives Element für Ihre Wohnung entdecken. Ob Sie nun avantgardistisch oder altdeutsch eingerichtet sind: Sie können Kerzen passend zu jedem Stil verzieren. Denken Sie aber daran, daß Kerzen, die als Blickpunkt in einem Raum wirken sollen, nicht zu klein sein dürfen. Große Formate bieten zudem mehr Gestaltungsmöglichkeiten. Sie können mit Plattenwachs, Wachsschnüren, Ornamenten und Farben großzügig und flächig arbeiten und manche Idee verwirklichen, die auf kleineren Kerzen nicht wirken würde.

Ein Beispiel sind die beiden großen Kerzen auf dieser Doppelseite, die gut zu einer modernen Einrichtung passen. Die Originale sind immerhin 24 und 27 Zentimeter hoch, acht bis neun Zentimeter dick und verlangen nach einem nicht zu zierlichen Leuchter. Für die rechte Kerze wurden Wachsplatten in fünf verschiedenen Rottönen sowie rote Wachsschnüre verwendet. Geometrische Formen aus dem Plattenwachs bedecken die Kerze bis auf einige wenige Stellen, an denen die Grundfarbe kontrastierend sichtbar bleibt. Im Gegensatz zur mittleren Kerze, bei der sowohl die Farbwahl als auch die Flächenaufteilung freier sind, wurde die Kerze in Rot zunächst in senkrechte Felder aufgeteilt, von denen jedes mit roten Formen ausgefüllt wird. Die Plattenwachs-Elemente überlappen einander nicht. Überstehende Teile werden mit dem Papiermesser abgeschnitten. Zum Schluß wird der Fuß der Kerze sechsmal, der obere Rand dreimal eng mit roter Wachsschnur umwickelt, und die einzelnen Farbfelder werden mit roter Wachsschnur abgeteilt.

Ganz ähnlich ist die Arbeitsweise bei der mittleren Kerze, die allerdings weniger streng gestaltet ist. Wählen Sie die Farben Ihrem Geschmack und Ihrer Einrichtung entsprechend. Die Farbfelder sind bei diesem Modell nicht mit Wachsschnur, sondern mit feinen Streifen aus mattgoldenem Plattenwachs konturiert, aber selbstverständlich können Sie auch dafür Wachsschnüre oder andersfarbige Plattenwachs-Streifen verwenden.
Bei der Farbwahl sind Ihrer Phantasie keine Grenzen gesetzt: Wer's dezent liebt, entscheidet sich für harmonierende Töne. Mit Mut zur Farbe können Sie aber auch vollkommen schrille Effekte erzielen, indem Sie zum Beispiel Komplementärfarben nebeneinander setzen. Am besten legen Sie die Wachsplatten, die Sie verwenden wollen, zunächst leicht überlappend auf Ihrem Arbeitstisch aus, bevor Sie zu schneiden anfangen. So können Sie die Farbwirkung überprüfen, bevor Sie mit der eigentlichen Arbeit anfangen. Und denken Sie daran: Auch die Kerze selbst muß nicht unbedingt weiß sein.

Nicht an einen bestimmten Stil gebunden ist die gelbe Kerze (Original Ø 2 cm, Höhe 20 cm), die einfach mit einer doppelt gelegten gelben Wachsschnur in regelmäßigen Abständen von der Basis bis zur Spitze umwickelt wird. Farben und Leuchter wählen Sie Ihrem Geschmack entsprechend.
Denkbar ist zum Beispiel, Kerze und Wachsschnur in verschiedenen Farben zu verwenden oder die Kerze mit zwei oder drei Wachsschnüren unterschiedlicher Farbe zu umwickeln.

Abstrakt

Material:
Stumpenkerzen
(Ø 5 – 7 cm,
Höhe 20 – 27 cm);
Plattenwachs je nach

Motiv: gold, schwarz,
farbig;
verschiedene Ölfarben;
Goldspray

Sie lieben freche Farben, klare Linien und graphische Muster? Auch mit modernen Stilmitteln lassen sich dekorative Kerzen gestalten. Nehmen Sie die drei Modelle einfach als Anregungen, und haben Sie ruhig ein bißchen Mut bei der Zusammenstellung von Farben und Formen.

Besonders klar wirkt das lineare Muster im Bild links, das Sie auf die Kerze übertragen (Vorlage Seite 77) oder nach eigenen Vorstellungen gestalten können. Gefällt Ihnen der Entwurf, legen Sie ihn mit möglichst schmal geschnittenen schwarzen Wachsstreifen nach. Achten Sie darauf, die Streifen gut festzudrücken. Nun mischen Sie verschiedene Grüntöne oder Schattierungen Ihrer Wunschfarbe und kolorieren die Felder, wobei die dunklen Töne innen, die hellen außen liegen sollten.

Die Kerze in der Mitte wird Ihnen am besten gelingen, wenn Sie sich von der Vorlage lösen und möglichst frei gestalten. Legen Sie sich auf zwei oder drei Farben fest, die Sie mit einem nicht zu dünnen Pinsel in freien Schwüngen

rundherum auftragen. Nach dem Trocknen bekommen die farbigen Flächen Struktur durch schwarze Linien in unterschiedlichen Strichstärken. Zum Abschluß schneiden Sie aus goldfarbenen Wachsplatten kleine Formen zurecht, die Sie als Glanzlichter auf den Farbflächen verteilen und festdrücken.

Ganz unterschiedliche Dreiecke schmücken die Kerze rechts. Sie beginnen am unteren Ende mit größeren Formen, die Sie dichter zusammenrücken und lassen die Komposition nach oben hin locker auslaufen. Die kleinen witzigen Goldpunkte können Sie ganz leicht selbst fertigen. Tauchen Sie dazu einen Strohhalm in Wasser, dem Sie einen Schuß Spülmittel zugesetzt haben, und stechen damit die Punkte aus einer goldfarbenen Wachsplatte. Das Spülmittel verhindert, daß sich das Wachs im Halm festsetzt. Wer mag, gibt der fertigen Kerze mit Goldspray zusätzlichen Schimmer.

Leicht schräg

Material:
Kerze, trapezförmig (Breite 10 cm, Höhe 16 cm, Tiefe 6 cm), blau; Glitter Paint Writer: gold, grün, rot

Diese faszinierende Kerzenform verträgt nur sparsames Dekor. Je eine Linie in Rot, Gold und Grün wird mit dem Glitter Paint Writer auf der linken Längsseite und auf der unteren Breitseite gezogen.
Wo sich die Linien kreuzen, ergeben sich vier kleine, quadratische Flächen, die in verschiedenen Tönen mit Deckwasserfarben ausgemalt werden können.

Mein Tip:

Drücken Sie sparsam etwas Glitter auf die fertige Kerze.

Fernöstlich inspiriert

Material:
Kugelkerzen, farbig
(Ø 5 – 7 cm);
Plattenwachs, weiß,
schwarz, rot, goldfarben

Kugelkerzen sind ideale Tischkerzen und passen sich harmonisch ihrer Umgebung an. Die drei Modelle bestechen durch die klare Formgebung und die deutlich gegeneinander abgesetzten Farbflächen.

Die Grundformen, die Sie von der Vorlage auf Seite 74 auf Wachsplatten in Weiß, Schwarz oder anderen kräftigen Farben übertragen, sollten mit dem Messer besonders sorgfältig ausgeschnitten werden,

da jede Unebenheit die Ausgewogenheit des Dekors stören würde. Soll eine Farbfläche den Docht umschließen, bohren Sie mit dem Zahnstocher ein kleines Loch in die zugeschnittene Wachsplatte und ziehen vor dem Festdrücken den Docht hindurch. Die Kontraststreifen aus andersfarbigem Wachs können Sie direkt an die Grundform drücken, ebenso hübsch sieht es aber aus, wenn Sie zwei Linien mit geringem Abstand nebeneinander setzen. Die kleinen Punkte fertigen Sie mit Hilfe eines Strohhalms nach der Technik, die auf Seite 54 beschrieben wird.

Mein Tip:

Arbeiten Sie doch zwei Kerzen mit gleichem Dekor, aber anderer Farbzusammenstellung, etwa eine rote Kerze mit schwarzem Dreieck und eine schwarze Kerze mit rotem Dreieck. Oder verwenden Sie die gleichen Farben und Formen auf zwei Kerzen von unterschiedlichem Durchmesser.

Elegant in Schwarz

Material:
Kerze, pyramidenförmig
(15 x 15 x 35 cm),
schwarz;
Papierkleber, flüssig;
Silberglitter, quadratisch;
runde Flitter-Spiegel

Kerze, schwarz, halbrund
(Breite 15 cm, Höhe
9 cm, Tiefe 6 cm);
Wachsplatte, schwarz;
Glasstein, rund

Auf der Pyramide werden
mit der Tülle des Papier-
klebers unregelmäßige
Linien gezogen. Darüber
streut man quadratischen
Glitter, schüttelt lose Teile
ab und drückt hie und da
einen kleinen Spiegel auf.
Für die halbrunde Kerze
legt man einen 5 cm brei-
ten und 20 cm langen
Streifen aus schwarzem
Plattenwachs in Falten,
zieht das obere Ende
fächerförmig auseinander
und schneidet das Wachs
spitzzulaufend ein. Der
Fächer wird auf die Kerze
gedrückt und mit dem
Glasstein geschmückt und
zusätzlich befestigt.

Mein Tip:

Wem das Schwarz zu trist
wirkt, der kann jede Seite
der Pyramide mit einer
anderen Glitterfarbe
gestalten und den Fächer
in den Regenbogenfarben
bemalen (Deckwasser-
farben).

Goldglanz

Material:
Stumpen- oder Kugelkerzen in beliebiger Größe; Plattenwachs, gold- oder silberfarben; Goldspray

zusätzlich für die Blütenkerze:
Plattenwachs, weiß; Ölfarbe, blau

zusätzlich für die Kugelkerze vorne:
Straßstein

Gold auf nachtblauem Grund wirkt edel und festlich. Ob Streifen oder Punkte, Sterne oder Blüten: für phantasievolle Formenspiele geben die acht Kerzen vielfältige Anregungen. Alle Muster lassen sich auf Kerzen unterschiedlicher Größe übertragen, Sie benötigen für längere oder dickere Kerzen lediglich etwas mehr Material.

Etwas Erfahrung erfordert allerdings die Blütenkerze links. Beginnen Sie mit den Stielen und Blättern, die aus goldfarbener Wachsplatte ausgeschnitten und locker auf der Kerze verteilt werden. Für die Blüten übertragen Sie die einzelnen Blütenblätter von der Vorlage (Seite 76) auf eine weiße Wachsplatte, schneiden sie sorgfältig aus und fügen sie direkt auf der Kerze zusammen. Das Zentrum bildet eine kleine Wachskugel, die Sie mit einem Zahnstocher

leicht perforieren. Zum Abschluß bemalen Sie die Blütenblätter mit zarten Strichen in blauer Ölfarbe.

Feine Linien und Quadrate, Sterne und Punkte lassen auch die anderen Kerzen geheimnisvoll schimmern. Suchen Sie sich auf Seite 75 eine Vorlage, die Ihnen gefällt, oder schneiden Sie nach eigenen Vorstellungen kleine Ornamente aus gold- und silberfarbenem Plattenwachs heraus. Interessant wirkt es, wenn Sie die Dekorelemente nicht gleichmäßig auf der Kerze verteilen, sondern optische Schwerpunkte bilden und andere Bereiche aussparen. Bei Kugelkerzen sieht es hübsch aus, wenn Sie den Docht in ein größeres Dekorelement einbeziehen, wie bei der Kerze vorne links. Dafür stechen Sie ein kleines Loch in eine passend zugeschnittene Wachsplatte – im Modell ein großes Dreieck – und schieben den Docht hindurch. Nun können Sie die Wachsplatte andrücken und die Ränder mit Kontraststreifen kaschieren.

Die Vorlage für die Kugelkerze mit Straßstein finden Sie auf Seite 75. Besprühen Sie die Kerze mit Goldspray, bevor Sie die abgepausten und zugeschnittenen Motive andrücken und den Schmuckstein festkleben.

Vergißmeinnicht

Um Kerzen so romantisch zu dekorieren – etwa als Überraschung zum Valentinstag –, brauchen Sie nichts weiter als Plattenwachs, Wachsschnüre und fertige Wachsborten sowie etwas Phantasie. Zartfarbige Stumpenkerzen wirken als Untergrund für Ihre Ornamente besonders gut. Oben und unten sollte die Kerze einen Dekorstreifen als Abschluß bekommen. Das können einige Wachsschnur-Wicklungen sein, fertige Wachsgoldborten oder aber, wie bei der rosafarbenen Kerze, eine Kombination aus einem farbigen Plattenwachsstreifen und goldfarbener Wachsschnur.

Zwischen diesen Einfassungsstreifen plazieren Sie nun Ihr Hauptmotiv. Das können drei stilisierte Blätter sein, ein Herz aus Vergißmeinnicht-Blüten oder ein Medaillon, in das Sie zum Beispiel ein Monogramm in Goldbuchstaben setzen können.

Besonders einfach nachzuarbeiten sind die hellblauen Blätter: Schneiden Sie aus Plattenwachs drei gleichgroße Blattformen aus, teilen Sie goldfarbene Wachsborte, und belegen Sie den Rand der Blätter damit. Nun fixieren Sie die Blätter mit leichtem Druck auf der Kerze und modellieren sie in Form. Aus Goldbortenresten rollen Sie eine Kugel und drücken sie an der Blattbasis fest.

Auch das Mittelmotiv der Medaillon-Kerze ist rasch fertig. Applizieren Sie ein gold- oder andersfarbenes Oval aus Plattenwachs auf der Kerze, und fassen Sie es mit Wachsgoldborte ein. Passend zum jeweiligen Anlaß können Sie Wachsgoldbuchstaben in diesem Rahmen anbringen.

Etwas aufwendiger ist das Vergißmeinnicht-Herz. Markieren Sie die Herzform auf der Kerze. Aus hellblauem Plattenwachs schneiden Sie kleine, runde Formen, die sich in der Handwärme leicht wölben und zu Blüten formen lassen. In jede setzen Sie ein winziges Kügelchen aus weißem Plattenwachs und füllen mit den Blüten die Herzform aus. Danach fassen Sie das Herz mit Wachsgoldborte ein. Aus rosenrotem Plattenwachs formen Sie drei Röschen und bringen sie zusammen

mit einigen Blättern aus dunkelgrünem Plattenwachs auf dem Vergißmeinnicht-Herz an.

Mein Tip:

Auch zum Muttertag sind solche Kerzen ein passendes Geschenk.

61

Musterhaft gedeckter Tisch

Besitzen Sie ein Geschirr mit einem markanten Muster? Oder legen Sie zu einem edlen, weißen Service farbig gemusterte Servietten auf? Dann können Sie die Wirkung Ihres liebevoll gedeckten Tisches mit einer passenden Kerze noch steigern. Unsere beiden Beispiele zeigen Ihnen, daß solche Harmonie nicht an einen bestimmten Stil gebunden ist.

Zunächst sollten Sie entscheiden, welche Kerzenform sich am besten eignet. Zu dem Service mit der kugeligen Kanne und den rustikalen Bauernrosen bietet sich eine runde Kerze an, während zu den zarten Servietten auch schlanke, zylindrische Kerzen passen. Die Vorlage für ein Geschirr-Motiv pausen Sie direkt vom Geschirr durch und achten darauf, daß wirklich jede Linie durchgezeichnet ist. Dieses Muster übertragen Sie auf die Kerze und malen es dem Service entsprechend mit Deckwasserfarben aus.

Das Sternchenmotiv der Servietten wurde zunächst auf ein Stück dunkelblaues Plattenwachs übertragen, mit goldener Deckwasserfarbe ausgemalt und auf die Kerze appliziert. Die Wachsplatte wurde mit ebenfalls dunkelblauer Wachsschnur dreimal umrahmt.

Die aprikosenfarbene Kerze nimmt weniger das Muster als die Farbe der Servietten auf. Verziert wurde sie mit einem Streifen dunkelblauem Plattenwachs, fertig gekauften und längs halbierten Wachsgoldborten, goldfarbenen Wachsornamenten und Kordeln aus dunkelblauen Wachsschnüren.

Zu einfarbigem Geschirr können Sie kontrastfarbene Kerzen mit Ornamenten aus Plattenwachs oder Wachsschnüren in der Farbe des Services gestalten.

Kerzen mit Knautschzone

3 Leuchterkerzen, hellblau
(Ø 2 cm, Höhe 25 cm);
2 Wachsplatten, hellblau;
Wischmetall, silberfarben

Die „Knautschzone" aus
zerknittertem Plattenwachs
macht diese drei einfachen
Kerzen zu einem außerge-
wöhnlichen Blickfang, der
ganz leicht nachzuarbeiten
ist:
Das Plattenwachs mit den
Händen so lange erwär-
men, bis es geknautscht
werden kann, ohne zu bre-
chen. Senkrecht und waa-
gerecht knautschen, so
daß die Knautschfalten in
alle Richtungen abstehen.
Geknautschtes Platten-
wachs im unteren Teil der
Kerzen andrücken und den
Übergang zwischen Plat-
tenwachs und Kerze so
lange mit den Fingern
glattstreichen, bis er
unsichtbar ist. Abschlie-
ßend mit dem Wischmetall
leicht über die Knautsch-
falten fahren.

Mein Tip:

Wählen Sie das Wisch-
metall passend zu Ihrem
Kerzenständer aus.

Bayerische Rautenkerze

Material:
Stumpenkerze, weiß
(Ø 8 cm, Höhe 18 cm);
Wachsplatten:
2-3 bayerisch-blau,
je 1 schwarz und weiß

Rauten aus blauem Plattenwachs entsprechend der Vorlage (Seite 78) zuschneiden, die allerdings nur für Kerzen mit einem Durchmesser von 8 cm gilt. Für andere Formate müssen Sie sich eine Rautenschablone anfertigen. Fixieren Sie nun die erste Raute am oberen Rand der Kerze, und legen Sie die nächste entsprechend der Vorlage schräg nach unten versetzt an. Nach der ersten Runde muß die obere Spitze der letzten Raute genau die untere Spitze der ersten treffen. Wenn diese Runde stimmt, können Sie die übrigen Rauten entsprechend applizieren und das Dekor am oberen und unteren Rand durch Teilstücke von Rauten komplettieren (ganze Rauten anlegen und am Rand abschneiden, Reststücke an anderer Stelle weiterverwenden). Legen Sie die Rauten nicht dicht nebeneinander, denn die Farbfelder werden anschließend durch schmale, schwarze Wachsstreifen voneinander getrennt. Ein Rand aus überlappend applizierten, lanzettförmigen Blättchen in Weiß und Blau schließt das Muster oben ab. Um den Fuß der Kerze legen Sie eine Kordel aus je einem weißen, blauen und schwarzen Wachsstreifen.

Mein Tip:

Arbeiten Sie bei dieser Kerze besonders sorgfältig, sonst gelingt das streng geometrisch konstruierte Muster nicht.

Wappenkerze

Material:
Stumpenkerze, weiß
(Ø 8 cm, Höhe 24 cm);
Deckwasserfarben;
Flachpinsel Nr. 4,
Rundpinsel Nr. 1

Für diese Kerze können
Sie Ihr Familienwappen
verwenden, das Staats-
oder Stadtwappen oder ein
selbst erdachtes Wappen.
Unsere Vorlage (Seite 74)
zeigt das Familienwappen
von Helga Sander, die diese Kerze gestaltet hat.
Pausen Sie zunächst das
gewünschte Wappen von
einer Vorlage durch, und
übertragen Sie die Zeich-
nung auf die Kerze.
Anschließend malen Sie
die Konturen entsprechend
der Vorlage mit Deckwas-
serfarben aus.

Mein Tip:

Zusätzlich können Sie den
oberen und unteren
Rand der Kerze mit einer
Wachsschnur-Kordel in
den Wappenfarben
schmücken.

Madonna

Material:
Stumpenkerze,
honigfarben
(Ø 7 cm, Höhe 18 cm);
Wachsmotiv „Madonna";
Wachsgoldborte;
Wachsschnur, honigfarben

Diese Kerze wirkt sehr
edel, ist aber durch das
fertige Wachsmotiv ohne
großen Aufwand zu gestal-
ten:
Wachsschnur je einmal
um den oberen und unte-
ren Rand der Kerze legen
und andrücken. Die geteil-
te Wachsborte jeweils mit
der glatten Seite zur
Wachsschnur weisend
anbringen. Die Rückseite
des Wachsmotivs mit den
Händen etwas erwärmen
und fest auf die Kerze
drücken. Motiv mit geteil-
ter Wachsborte einrahmen.

Schreiben Sie eine Wid-
mung mit Goldschrift
(Durchschreibefolie) oder
fertigen Goldbuchstaben
auf die Kerze.

69

70 *Für die Stiele Streifen schneiden!* ↓

blau

orange

grün

gelb

orange

weiß   schwarz

73

74

doppelt nehmen

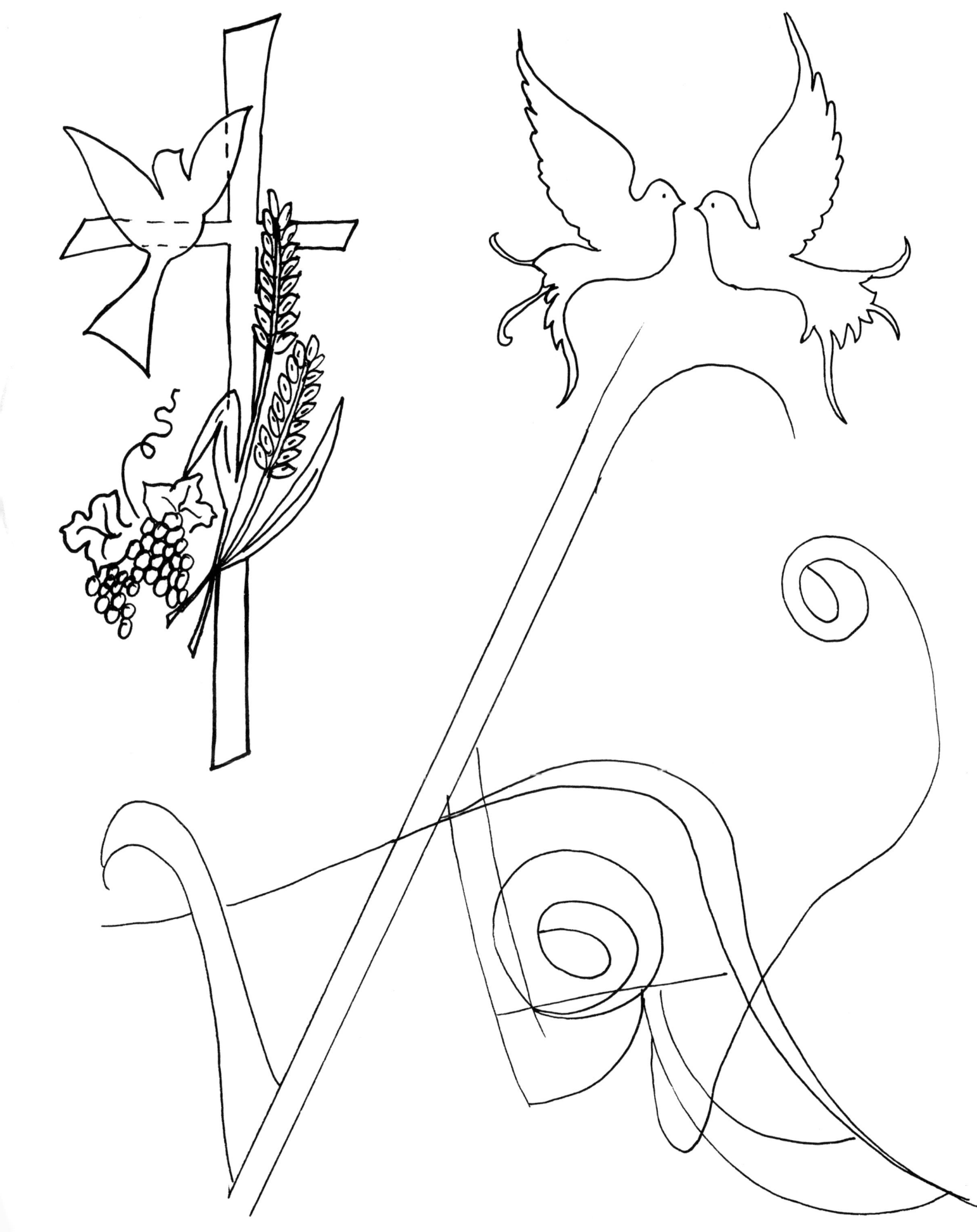

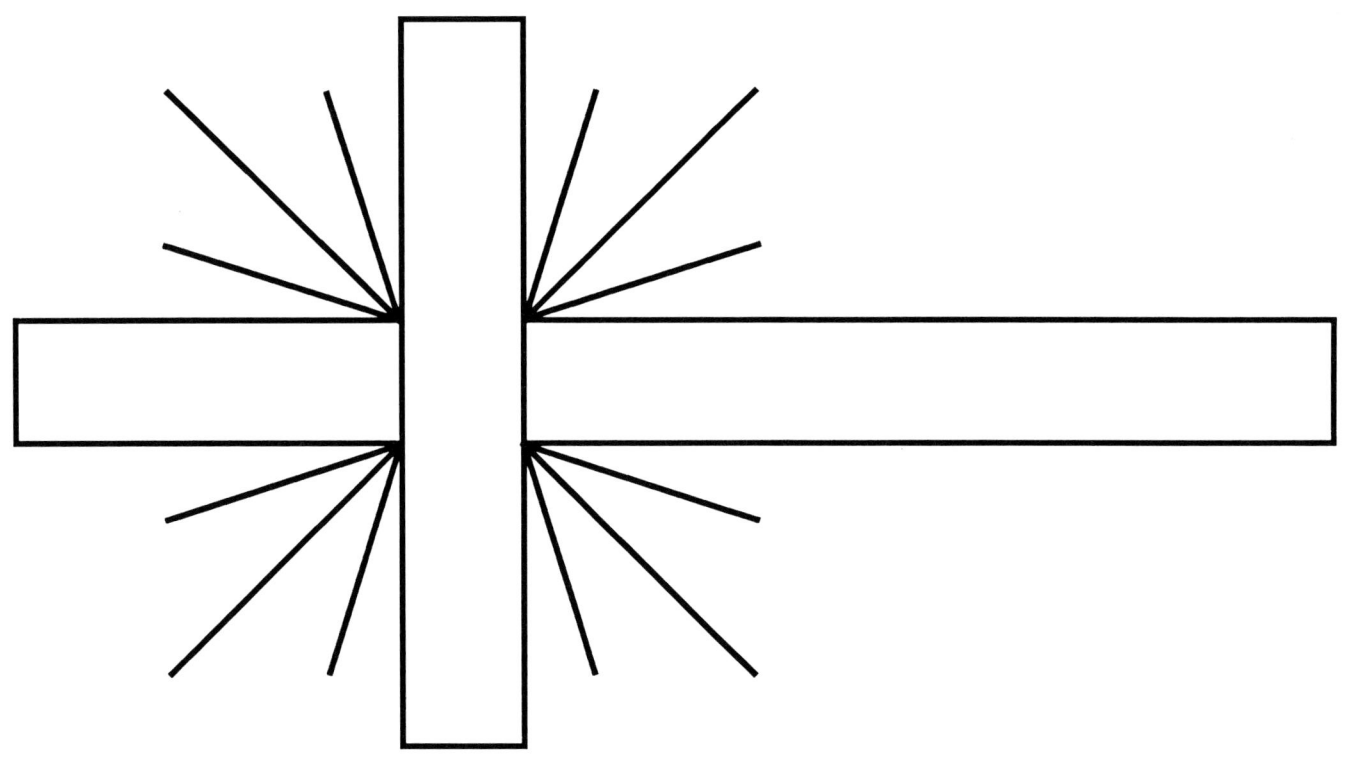

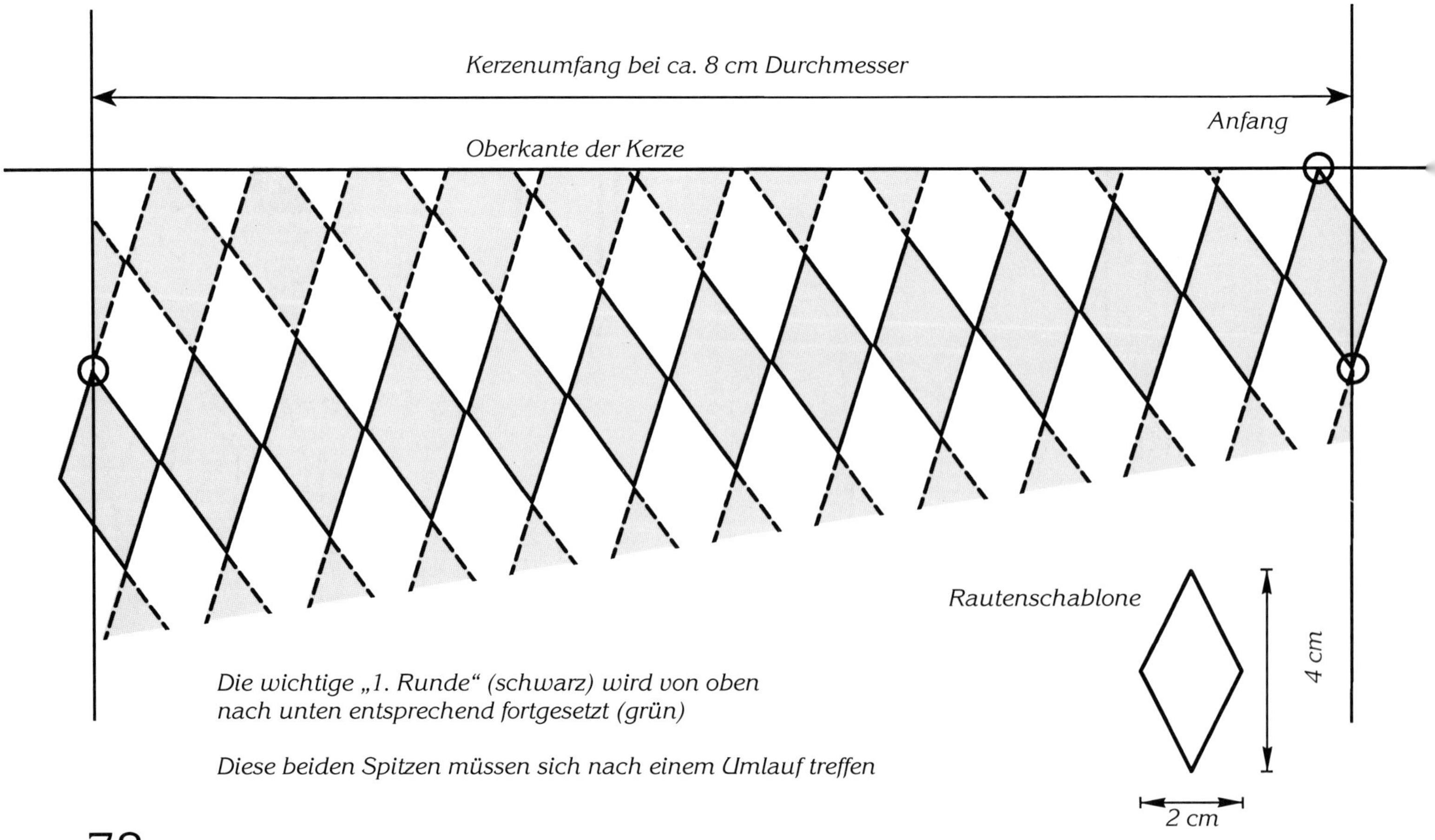

Kerzenumfang bei ca. 8 cm Durchmesser

Anfang

Oberkante der Kerze

Rautenschablone

4 cm

2 cm

*Die wichtige „1. Runde" (schwarz) wird von oben
nach unten entsprechend fortgesetzt (grün)*

Diese beiden Spitzen müssen sich nach einem Umlauf treffen

Die Deutsche Bibliothek –
CIP-Einheitsaufnahme

Kerzen festlich dekorieren:
mit Vorlagen und Schritt-für-
Schritt-Anleitungen/Ehinger;
Raab; Sander. – 2., neuarb.
Aufl. – Augustus-Verl., 1996
ISBN 3-8043-0375-7

Quellennachweis:

Helga und Hasso Ehinger
(Seite 12–14, 20, 21 [mit
Appl.]., 22/23, 29–31, 34
[1. u. 2. v. li.], 36 re., 41, 48,
49 [Clown], 65)
Elisabeth Gratz
(Seite 24 re., 26)
Barbara Raab
(Seite 15, 17–19, 24 li., 27, 34
[3. v. li.], 36 li., 37 [1.–3. v. re.],
39, 40, 43, 45, 49 hinten [3 Kerzen],
50, 54, 56, 59)
Helga Sander
(Seite 16, 21 [bemalt], 25, 26,
28, 32/33, 34 [1.–3. v. re.], 35,
37 li., 38, 44, 46/47, 51, 52,
55, 57, 60–64, 66, 67)
Berta Weiß
(Seite 21 li.)

Text:
Sabine Fels und Lena Fuchs

Layout:
Anton Walter, Gundelfingen

AUGUSTUS VERLAG
AUGSBURG 1996
© Weltbild-Verlag GmbH,
Augsburg

Satz: Gesetzt aus 9,5 Punkt
Korinna Regular
in Quark-X-Press von Walter
Werbegrafik, Gundelfingen

Reproduktion:
Repro Ludwig, A-Zell am See

Druck und Bindung:
Appl, Wemding

Gedruckt auf 120 g umweltfreundlich elementar chlorfrei
gebleichtes Papier.

ISBN 3-8043-0375-7
Printed in Germany